Dragica Rajčić
Buch von Glück
edition 8

Dragica Rajčić hat sich einen Namen gemacht als eine Stimme der ImmigrantInnen, indem sie immer wieder witzig und genau die Schweiz aus dem Blickwinkel der ›Ausländer‹ aufs Korn nimmt und die Situation der ›Fremden‹ reflektiert, besonders eindringlich und engagiert hat sie diese Thematik zur Zeit des Krieges in Kroatien, Bosnien und Herzegowina in Worte gefasst. Mit ihrer Lyrik in gebrochenem, schillerndem Deutsch unterstreicht sie die Fremdheit auch sprachlich, sie irritiert und fasziniert mit eigentümlichen Wendungen und gekonnten Pointen und lässt in den Bruchstellen die Funken sprühen. Die Auseinandersetzung mit der eigen-fremden Sprache – vertraute und trügerische Stütze – gehört zu den Fragestellungen, die sie in all ihren Gedichtbänden, auch in diesem, begleiten.

Im Vordergrund steht im **Buch von Glück** aber ein anderes Thema: Die Liebe. Die Liebe mit ihrer Sehnsucht und Entgrenzung, mit dem Aufbrechen des Gefestigten, den unlebbaren Entwürfen – und schliesslich der schmerzhaften Ernüchterung angesichts der Utopie der Zweisamkeit. Das schwankende, suchende Lebensgefühl greift auf alles über, prägt auch das Nachdenken über Kindheit, Herkunft, Identität oder Frausein, lässt träumen und zweifeln und mündet oft in eine leise Ironie. So bündelt das **Buch von Glück** in einem lyrischen Wechselbad Momentaufnahmen eines überschwänglichen und trauernden, eines ausgelieferten und kritischen Ich. Getragen von einer Sprache, die lakonisch und präzis über die Beschreibung von Alltäglichem das Existenzielle aufleuchten lässt.

Dragica Rajčić

Buch von Glück

Gedichte

Mit Fotos von Erika Mezger

edition 8

Verlag und Autorin danken Migros Kulturprozent und der Stadt St.Gallen für die Unterstützung zur Herausgabe dieses Buches.

Besuchen Sie uns im Internet: Informationen zu uns, unseren Büchern und AutorInnen sowie Rezensionen finden Sie unter www.edition8.ch

Die Deutsche Bibliothek CIP-Einheitsaufnahme: Ein Titeldatensatz für diese Publikation ist bei der Deutschen Bibliothek erhältlich.

 Lektorat, Korrektorat: Verena Stettler; Typografie, Umschlag: Ivan Rajčić; Umschlagillustration: Gilgi Guggenheim (»Kittel«); Foto Seite 5: Erika Mezger; Druck und Bindung: Freiburger Graphische Betriebe.

Verlagsadresse: edition 8, Postfach 3522, CH-8021 Zürich, Tel. 044/271 80 22, Fax 044/273 03 02, Email: info@edition8.ch, Internet: www.edition8.ch

ISBN 3-85990-078-1

Und wir werden kein Wort sagen, bebend wie
Flammen, und das augenblickliche Glück wird im
Vorübergehen schweigen

Jorge Luis Borges

Es wird ein Gehn sein, ein Großes,
weit über die Grenzen,
die sie uns ziehen.

Paul Celan

Meine Mutter hat mir gesagt das sie
keine liebe kennt und falls es
solche gäbe wäre sie reine Einbildung
der untätiger Frauen. Zitat Ende.

Wie ist umarmung
Wie sind deine Hände
Wie wird tag heissen

Wir sagen seehle
Ich sage
Komm jetzt oder verschwinde aus mir
Eines
Immer da und nie gesehen
Du
Wer klopft goldschuppen von meinen augen

Wann wen
Seit anbegin bin ich dein schrei nach dir

Vermute dich hinter allem
fürchte mich
was wenn nicht.

Das es mich gibt
Das ich mich so dir
Gäbe
als Halsstrick
ohne hingabe ohne gewahr
als
zumutung
als
vermutung des Wahn -sinniges auch
in dir
vermehrt werde ich mich kummern um
strassenschilder
richtige ausdrücke
stille ankunfte über richtiges benehmen
richtiges wort an falsche stelle
ich werde acht geben das
das mich fuss nicht bricht
reparaturen der gebrochenes herzens
sind an überfluss an ersatzstücken
unausführbar.

ZÜRICH 1
29. SEPTEMBER 2001

Weltabsturz Amerika
Zeitungsbuchstaben
Kein Asyl für Augen

Iss mich trink mich frag mich sag
nichts schau über komm naeher
Auch so und immer fort wird jedes wort
aus deinem mund nie gehört so enden
in Denen augen hell dunkel und immer mehr
sehe ich herüber zur wand zum tisch so leicht
verglückt so umglückt kann doch nicht essen
mir nihts dir nihts von jetztan was mit
alledem was noch nie berührt war so

Wer kann mir Heute sagen
Worüber sprachen wir
Zwei Stern - stunden
mitteleuropeische Zeit

Was wollte ich dir unter den Füssen
Herausziehen
anstatt dem
Honig in Augen
Wärme in den Fingern
Noch einmal erstes mal
Anderes.
Angst machte ich dir
Wusste ich auch nicht wie das Land heisst

ZU BITTEN HATTE ICH

Suchte eine Bleibe.
Wusste gegebenes.
Vielleicht mehr.
Und wieder
Stand
Ein wort qwer.

Sagte gehörtes
Du mein
Alles
Und weniger
Atom der
Nicht
Teilbaren

Überflussig
Tisch
Bett
Himmel
Hände
Was noch
Kann man
dazulegen

Zu bitten
Hatte ich
Bekanntes leid
Der
Muttersprache

Du
Mein
Sunce.Sunce.
Najmanje.

Die Koffer sind
Leicht. Pascal bleibt Zuhause. Eine Frau
Verliert Ihr Ohr Smuck.
Es kommt zurück.
Postlagernd. Das Wald
Schweigt.
Mit dem alter
Kurzzeit gedächniss schwindet.
Wer baut der Welt Auf
Unsicheren gefühl.

Wenn sich erste
Verlassene Hauser
Zur Wasser
Aufmachen

Wenn

In Augen Bilder
Wörter zuruckgeben
Wie überzahligen Blei

auf der rückseite des Kopfes

Noch Du
Als
Mir versprochener
Brief
Ungeoffnet.

Weine nicht mein Auge
Mit jeder tränne
Geht Licht verloren.
Bleib wach und sehe
Er ist ein anderer.

KLARTEXT

Zwanziguhrfünfundzwanzig
Königsbacherspezialexport
Halbleer.
Adolf Wölfli
Reproduktion
Lehnt sich an meiner wand.
Die Liebe als errungenschaft der Homosapiens
Zweck
Erhaltung der Gattung
Kommt als
Wort durch Radioschlager
Zum meinem Ohr.

Ich denke
Auch
Ich
Bin verfallen.

Du
Nicht ?

Wir sind zwei Menschen.
Die Ironie des Satzes
mit Esspresso und Glas Hahnenwasser

Eine oder andere Zunge
zieht sich zusammen.
Er zahlt die Rechnung.
Ich die Illusion

Er pflegt seine Tomaten.
Abends,
noch müde von Menschenstimmen
Seine Augen wachen
Über ungesehenes.

In der ferne gerückt
Das andere leben.
Versuchung
Tomate auszureisen.

Och ja ich weiss,
Mensch ist ein Fisch in Aqwarium der Wünsche.
paar qoiutusse geben im das Gefühl
„Es" geschafft zu haben
über sich
hinaus in
in Genuss der
der
Transszedenz
zu kommen
um allein
zu bestehen.

um zu gehen

Vor dem Spiegel Jemand.
ich wasche seine Haare,
creme sein Gesicht.
züpfe an Augenbrauen
es tut weh.
Treffe Vorbereitungen
für trännen

FRAUEN WIE ICH

Frauen wie ich
Verneinen jegliche beteiligung
Am frauenähnlichen herzschmerz

Suchen wahrsagerinen
Auf um zu hören
Wie man sich am
Besten
Überlisten kann
Mit einem
Prinzen im Keller.
Für Vorrat.

Frauen wie ich legen kein wert
Auf
Sumulation der hoffnung
Sie wissen
Sich zu helfen
Wenn sie in der handtaschen
Ihre sehnsucht verliren.

Sie rufen an.

Falsche Nummer

Unter deinen Augen
kein Regen
Milch überschwapt,
geht noch mehr

verstehe
bringe kein laut
gehe
ich wäre dumm und dämlich
sagen müssen
nur
mein Herr, wie möchte ich sie
sehr
übersehr

INTERMEZZO

wieso musste man über den anderen ufer um
rytmus zu finden
die vermahlung der seehlen sei pure Mystik
die eroberung der burg
die sprache der Eroberer
offnet türen
die vernichtung der gränze
die verschibung der eroberung
die einschlissung der vernichtung
die verlassene wirklichkeit
zählt ihre einsamkeit
morser zeichen für Flug zur
kapitulation

die zükung der extreme
das wiederfinden der
eigene gränze
sie hat dir vorgehalten
wie weit kann mann
sich ohne krieg
durch und durch
kriegen.

Die sprache hält
Bereit in meinem
Mund
Wache.

Verloren haben wir uns mit
Betaubung des möglichen
Du wusstest
Wie welt gestrickt war
Du nimmst dein platz in
Entgegengesetzte richtung
Dein lächeln
Galt
Dem nachtlager

Neben jene Frau welche
Sich mit dir
Begnügt.

Mein liebster
Deine hände haben mir versprochen
In diesem wasserarmen ort
Qwelle zu finden

Himmelschiffe könntest du
Auf abruf
Von sternen befördern

Dann sagte ich
„saubere die schatten aller zeiten"
und mein Liebster
liegt neben mir
fühlt sein herz mit
der Angst.

FORT-BILDUNG

Als meine Brust
Unter seinen Händen
Gänsehaut bekamm
Unabhängig von Voltaire, pascal und heraklit
Ausser sinnen
Könnte ich
Ein gedicht
Könnte ich ein gedicht
Könnte ich
Kann
Ich
Mir
Warheit zumuten
Am ende der
Geschichte.

SCHLAGER

Blindlinksrechts
Ausgesucht
Wers glaubt er mich
Die verschnauzte farbe seine
Einmal schwartze haare
Weißt mein Blick
Die diagnose mittlere bis schwere
Liebesvergiftung
Ich schnizelte da
gegen gedichte in der badewanne schwammen
davon
Schuttelte das kind mit
Wort
schrieb ihm fünf mal am tag
so ist es
er mir
so ist es nicht auch

Für beide unlebar ohne pein und aber
Aber viele haben sich die anfang feuer
zum hertzen genommen
daraus ein versuch unternohmen

Sternhimmel um fünf vor
Blass
In halbdunkel
Kommen mir die tage
Wie verheissungen
Wochin
Mit dem pochen

In ecken werden
Wieder die
Wörter wach
Erschrecke
Nicht mein hertz
Dušo moja
Lass dich nicht
Abdrehen.

Am Samstag dachte ich (wie schön)
wie hemd
ablegen die Liebe
Paar Minuten in einem kafee wieder
Mit vernunft hat dies WAS im hut
Wie schön sagte ich mir ich liebe nicht mehr
es lebe die nicht liebe die freihaut
der stumpfe glanztag
wo wäsche gewaschen sein soll
eigenhänden
wie gern ich wieder unter seinesgleichen
nicht mehr ein blick in die post
vergisst mich Bitte
sagte ich diesem wort welche sich seiner
bemächtigt hat
ich will wieder ins alte haut
in meine erste heimat
das wars sage ich zu ihr
das wars
du hast dein Teil bekommnen
lass mich wieder in Ruhe.
Jetzt soll Poante kommen
Es kommt
Trauer wegen
Eine verlorene Socke.

Ausgeruht in Schrift
(Aufgabe ist wichtiger als die Liebe)
Bemerkung nebenbei

verschriftet
jeden atem ausgeatmet
werde auf die Seite gelegt
verlegt
dient nicht meine Augen
schaut umhin-
morgen gehen seine füsse wie immer
Nicht ich bin ich welche
spricht
nicht ich bin es welche schweigt
verloren sind steine am ufer
übergespühlt mein
herz

die welche
sagt
die welche
immer noch
von anfang der welt an
die welche zuruft und kein echo
es ist ein missverständniss
ich verstehe sagt er
ich bin stein
sagt er
die welche sagt
die welche aufweicht
selber versteinert langsam
und nihts rührt sich
er sagt ich bin stein
wie einfach ist es.
zertrumert zu werden

BESUCH

Habe dir platz
Gelassen

Habe dir teller
Hingelegt
Mit rand aus

Süssholz

Bitteres Wein

Verschenke Ich

Und warte auf

Dem
Welche
Kaum angekommen
Sich aufmacht.

Haben wir uns vorgefunden
Mit leeren teller
In der mitte
des Herzes?

Der Floss
Ein tag
Aus
nacktes
Müssen
Ein reisen
Zur
Aufgaben
Im Rad
Verschlossen
liegt in der Tasche

Dein Gesicht
Habe
Vergessen zu Betten
Um
Zu verstehen
Was
Zwingt uns
Fort.

Anderen
Geht es
Gleich.
Es
Geht.

WORTAUSRIT

Vertagen wir die Aufgaben
Stehlen wir
Die sonne
Die pferde sind gesattelt
Unter
Uns nicht mehr viel

Mein liebster
Ich wusste mehr
Mehr
Als
Dieser
Armseliges
Gedichtaustreibenschmerzvergraben

Das
Wissen
Hat nicht
Geholfen.

MEIN SCHLOSS

Werde
Werde
Aus
Jeden Tag
Noch einen dazudichten
Werde
Aus
Jeden Schmerz
Noch einem
Dazuschreiben

Doppelt hält besser

Zieh Deinen Körper aus,
Geliebter, schnell,
Und lass mich, endlich,
Deine Seele sehen:
Diese goldene Sonne.

(Werner Sprenger)

Ameisen haben
Wie man schön sagt
Vorgesorgt
Die königin
Tötet
Ihren könig
Musste man
Nackt gehen durch
Eigenes fleisch
Irgendwo
Hört der schmerz auf.
Oder
Zauber des
Suchens
Geht
Um die hauser
Aus
Blei.

Da hatte ich mich
Zugenäeht
Da hattet ihr mich
Zugeknopft

Da war noch etwas
Verblieben
Später
Am fluss
Welchen wir fluss nennen

Ging
Andere sonne auf
Aus Grün der Trauer

Du mein liebster
Kommst vor
Wie
Ich

Unbesonnen.
Am Himmel
Oder
Was wir
Dafür
Halten

Es muss spät sein
Auf dem balkon klappert
Irgendein nicht gebundener gegenstand
Ich
Muss mich anstrengen
Ein
Augenblick
Zu wissen
Wo
Liege ich
Wer
Liegt da
In dem verschlaffenen körper
Vielleicht geht es
Den toten
Oder neugeborenen
Genau so.

Mein liebster
Bratet hasen hinter sieben bergen
Meine seele leckt den hasen
Später
Ist wie
Jetzt
Nacht und
Ich komme nie
Hierher
Um mit zwei
Fingern
Auf dem
Papier
Hasen
Zu
Jaggen.

Papier brennt.

Da habt ihr mich
Wie gesagt.
Die pfannen sind auf halben mast.

Die zwei
Wieder eins und eins
Die taschentücher in den zügen
Der leben ist fluss
Sagen ihre munde
Sie verstehen mich
Das wars
Entweder ein hochzeit
Oder eine trennung
Was auf dasselbe hinaus lauft.

Da habt ihr mich
Komme züruck
In augen der wissenden
Ein müdes lächeln
Das kenne ich
Es musste so sein
Und überhaupt
Werden beispiele aus
Literatur schon ausreichen
Um
Liebe

Im leibern zu
zu versinken
Bevor sie
Geboren wird.

So ist es einfacher
Später
Unter seines gleichen
Beruhigt zu
Werden.
Weh
Einer.

AUCH ICH...

Brutus und Judas

Auch Ich.....
Die Liebe unbehaust

Mit Händen greifbar
Melonen Haut von
Deinem lächeln.

Wunderschachteln
Geschnurt

Und
Wen ich noch mal
Geboren würde
Und wen
Diese satz
Blödsinn
Verät
Dann

Brutus und Judas

Lebten weiter.

In der Nacht des Tages hat es gegoldet
Zwischen den Augen
HellLichter
das nicht wissen von wo
das immer schon war umsonst
eine zeit trat aus dem kopf um mich zu warnen
mich deiner
värgenglichkeit
am wand lief werbung für
etwas gegen etwas

wir sind nicht am ENDE.

Wie lachte ich wie lachte ich wie lachte ich
Über

Nacher.

Der Zug hatte zehn minuten verspätung.
Die Frau hatte in den den Händen lezten

Lachen
Versteckt.

Für unterwegs.

SPIEL AUF MIR

So wie die kinder in vergessenheit
Des tages
Sich sand in die mund stecken
Offne meine wunderohren
Drehe mir die augen
zur Nacken

spiel auf mir
so wie die wildtiere sich innanander
verknallen mit knochen in den zähnen
häng dich an meine wörter
nimm die ausgeschlichen hoffnung fest
stelle ihr eine falle
ich schweige dir ausserhalb der liebe ist
dunkel spiel sie hell auf mir bis du
nicht merkst wie ich sie besser auf dir
spiele und du spielst noch immer besser
an mir mit fleisch an knochen.

gemischtes

Im Bus redet keiner.
Im Fabrik sagt man Salüü
In der Pause sagt man „en Guete"

In mittags Pause sagt Kollegin
Mini ma hat kseit so nüd

In der wohnung sagt Frau zum Mann
Dobro Vecer

Zu kindern sagt man

Ako si umoran idi spavati

Zu sich selber kan man
Schweigend sagen

Egal.

Es ist an die zeit.
So wird gesagt.
Es ist so.
Es ist an die Zeit
Als Frau Frau zu werden.

Wenn ICH Frau
Spinnt
Es ist zeitlos.

Über obengesagte
Neben
Erscheinungen
(Wortlich)
Informiert sie
Ihr Geliebter
Oder
Therapeut

60 TAGE

Der Körper will Leben.

Die Sonne ist immer Sonne.
Die Erde dreht sich.
Als Kind dachte das Ich
Wenn erde Kopf steht
Fehlt die erde ins weltall.

Etwas hält. Für kurze Zeit.

Machte weg zum Menschen.
Halbwegs. Lebenlang.

Die Psychologen warnen.

Finde Dich
Mit den Umständen.
Leben ist zwischen
0 und X

Und....
Wem kummerts
Das es zu wenig ist.
Und zu viel.

Natürlich stören mich spuren der Zeit.
Das gegenteil
wäre
immer aus dem selben teller
nie endende suppe
zu löffeln
Fetus käme nie auf der Welt
so
Weiter gedacht
Wäre erde
ein mikrob
in
nichtbestehenden
Weltall.
Gleichzeitig als
Wort
Könnte man streichen.
Zeitlebens ungeboren.

Nach Hause kommen
müde von tun und lassen
irgendwo
mein schirm vergessen
telefonbeantworter
abhören
mehanisch
notieren
„hallo, hier ist dein schutzengel
du hast mir falsche hoffnungen gemacht"

In diesem Meer sind
verborgen
alltägliche steine
eine
erkältete masse
das wir wissen
aus welchen chemischen Elementen
besteht wasser
lesst wasser
kalt.

ZÜRICH 2

Innerhalb Geschichte wandtafel
»überleben.«
Die Schwäne picken an
ungebettenen brot
welche leicht
Ihr tod
Sein kann.

Im Gotfried Keller
Haus
speisen andre Gäste.

BIOGRAFIEN

Wahnfrauen in büchern
Stecken ihr kopf in backoffen
Oder versehentlich
Zünden Ihre schrifften
Kurz dannach
Brach erde ihr schweigen
Die dämonen tragen
Sein Name
Jubelhaft
Springen sie
In schluchten
Um sich von liebenden
Zu ernähren.
Die lebende frauen
Operieren ihre Nasen
Riechen dämonen
und lächeln.

DIE ORDNUNG DER GEGENSTÄNDE

Kleid auf Kleid
Löffel aufs löffel
Messer aufs Messer

Dach neben dach
Mann neben frau
Hund neben Hund

Decke über bettlacken
Haare über dem gesicht
Auge vor dem hirn
Fuss vor dem fuss

Holz über neben holz
Wand uber neben
Wand

Wort am Holz
Holz qwer holz
Buchstaben neben buchstaben
Zahl neben zahl

Ich
Keine

In jahren mein bruder
Beilaufig
Bringt man sich eine frau ins
Sichere
Anwesende sollen
Sich
Ausputzen
Später im Kinderwagen
Kann er vorzeigen
Das ein kleines
Gesicht
Seine züge trägt
Noch später
Wird er ausbrechen
Ein bild malen
Mit viel auswuchs
Grünrotzum schreien
Über eine
Frau in unsicheren.

HOCH ZEIT

Bonbons fliegen über dem Dach
Basilikum streichelt die Uhr
Hemd für Brautführer Tuch für
Brautmutter

Hebt sich die Freude über
den morgen
Hinaus
So beginnt das Leben (Aufgeschnappt)

Drehen sich ausgaben
Verstecken sich die katzen
Bleiben die sätze
Länger im hals
Um zu singen
Wer hat uns veratten
haut versalzen auf dem Teller
Schaffskinder in allen münde
Es wird nicht jeder tag
Tag
Ein mal im leben
Isst man
Teller
Leer.

GENT, 2002

Die Strassen bewegen die Augen.

Die Gesichter
am morgen
Wie meins
Wie viele Gräber
wurden uns zugemutet.
Digital

Wir sitzen im gehen
Zwischen Menschen
stuhlehnen.
Jeder verstärkt seinen Traum.
Traum?

Die Gedanken haben
Dach

FÜR MEINE KINDER

Ein Land
Ausserhalb
Ein land
Mit
Guten wiesen
Mit Menschen aus
Gold
Ein Land
Mit
Garten, Zimmer, warmhand
Ein land aus
Tägliches Brot
Ein land aus
Teilen und geben
Ein land aus
Kein Mensch
Bringt anderem Tod
Ein land
Aus nie gehörten ton

Ein Land
Wessen Pass
Ich stricke aus
Traumdorngarn.

Wenn Abend
Kommt

Die Zeit
Vergangen ist
Tue dir was Gutes
Nimm ein Bad
Oder ein Buch
In die Hand
Vergesse
Vergesse
Was
Es zu vergessen gibt.
Wenn die Abend
Kommt
Mahle ein Bild
Von dem was
Du
Nicht malen könntest.

Es tut Gut,
verarmt gut.

Bleibe auf dem Papier.

Richte dich
Nach dem Wegweisern
Gib zu
Gib nie zu

Und
Erschaffe dich
Wie
Gott es nie gedacht hat
Aus der reichweite
Des Systeme

Sei
Dein eigener Henker
Richter
Um besseren Bildnis
zu ergeben

Kuss die Menschen
und sei
Gewiss
Etwas
Anderes sind wir, bist du
Bestimmt.

Kuss dich selbst
und gehe
aufs
Papier.

Es ist leicht
und
Brennt.

BIN ICH ENTFLOGEN

Bin ich entflogen dem vers
Was, wochin
Treibt
Ein knauel
An Linien

Welche
Mich immer mehr
Zu sich
Verzehren

Die mutter und vater
Der Stein
Das meer
Die bruder
Eine
Störung
Hat aufgehört

In dem moment
Wo es kein wort
Dafür gab.

Jetzt.

FÜR G.

Mit kind in mir
Sagte sie
Mit kind in mir
Prallen die
Wörter
Aufs wand

Ich spüre nicht
Ihr gewicht
Der
Mensch welcher
Ruht
Wird kommen

Ich Er
Gott
Wer
Sagt
Was?

Ein tier in käfig
Damit wir sehen
Damit wir
Wissen
Welche arten
Es noch gibt.

Die wächter
Schauen
Auf ausgewogene ernahrung
Desselben
Kinder
Sollen
Futtern unterlassen

Es kann
Schaden.

Besuchszeiten
Sind bägrenzt.
In der Nacht
Traumt ein tier

Wer
Weiss
Was?

Gehe aufs meer
Gehe
Mit füssen
Noch
Gesund

Gehe über meer
Glaub
Dein vater
Mutet dir
Die menschen zu

Zeig ihnen
Wie
Wasser
Wein wird
Oder brot

Sie werden
Irgendwann
Dir nachtrauern

Und sagen
Wir können
Auch nihts
Dafür.

Gehe
Du wirdst
Wieder
Kommen
Um zu sehen

Wir
Haben uns
In
Dir
Verirrt

Aber
Du
In Uns auch.

TRAGEN WIR UNSERE SEELEN AUF DIE MÄRKTE

Schreien wir
So laut wie nie

Günstige gelegenheit
Unseres leben umzutauschen
leben zu veraussern
Wer will
Wer bittet mehr

Schreien wir
Da habt ihr
Augenlicht
Und augennacht
Da habt ihr liebkossungen der
Schöne wörter
Da habt ihr
Die kirurgische messer
Und die
Langweile der satten

Wir sind die welche
Da habt ihr
Unsere fotoalben mit schrägen hüten

Da habt ihr
Vermisste verwandte
Da habt ihr
Trännen der abschiede
Und feuchte geburtstage alle tanten

Tragen wir heute
Unsere
Gebaude zum märkte
Da sind die gerichte und die
Armenküchen
Da sind die
Substanzsuchtigen und die
Körperverkauferinnen
Da sind unsere
Tausend nie benutzte sachen
Da sind unsere
Reisekoffer und die flugzeuge
Welche mit uns in die meere sturzen
Da sind kameras der kriegberichterstater und die
kameras
Der supermärkte
Da sind gebaugte rücken der minen gräberinnen

Der markt ist offen
Der markt ist allegegenwertig

Niemand will
Trännen kaufen
Die lächeln je nach gebiss
Die tiefste stürze
Können nicht
In scheinen
Ausgedrückt werden

Wer will heute
Unsere leben
Ohne marktabsicht noch
Und wenn nihts hilft
Schreiben wir bücher
Über unsere nicht verkaufte
Nicht gekaufte
Schiksäle.

Nichts dagegen
Schwäne in See zu betrachten
Licht stürzt sich durch
(Bild ist abgegriffen)
sagen wir Baumkronen mir unbekannte Baume
auf Deutsch

auf extra für ausruhende hingestellte
frisch bemalten Parkbank
warten zwei Asylsuchende
ein Ehepaar aus Afganistan
auf
vortsetzung
des Lebens.

EIN POLITISCHES

Der sommerregen mitten ins gedicht
Die familie repariert zerbrochene ilusionen
Gebratet wird lamm
Dalmatien gedruckt als produkt für jedermann
Ortsansäsige beziehen kriegspension
Und führen mit dem metzger
Zum Merzedes

Für morgen wird gesagt
ein natürliches ein tritt ins europa
Steht uns bevor
Ich trette aus
Die schweiz vertritt meine
Nüchterne
Ablehnung
Gegen wofür

im sommer
versinkt trauer mit
jedem glass
ich besuche heimat

kinder treffen leute aus dem fotoalbum
sagen
die sehen aber schlimmer aus
meine wörter begrussen verbesserungen der
mienenausgrabungen

dieser sommer wie jene sommer
dopellwange selbe lügen
oder ist es ernst nur das Ich
traumwandlere durch alles

ab und zu grusst auch mich jemand
weiss nicht mehr von wem ich abstamme
ich grüsse zurück
ich weiss ebenfalls nicht
wer ist wer wo
oder
doch

DUBROVNIK

Mauern aussgebessert
Die schiffsfahrer werben
Mit vorliebe ausländerinnen
Ein reise Bitteschön
Ein tag ausserhalb zu verbringen
Sprechen sie deutsch
Kommen sie mit
Wunderschön und günstig
Mit pferdpflegung

Pienienwälderbrand gestern gelöscht
Sie sind in besten jahren
Sagte der schiffsfahrer
Ihr akzent verät eine franzosin
Sie werden nicht entauscht sein
Auf kroatisch sagte ich
Doviđenja.
Und laufte wie englenderin weg.

IMMER VOR DEM WINTER

die Motten haben stelle wo
Kleid Brust verdeckte
gründlich durchgelöchert
Mutter konserviert
Unglücke damit
Unglück
nicht passiert.

Seit damals
Hunderttausend kilometer
Legten die Füsse ab
Auch schnellste mensch auf der welt
Auf der flucht von heimatlichen geruch
aus Mottenschrank kommt nicht an

Am Abend
(schwimmvesten hingen an Haken)
Die metafer sagt wenig aus und ist nicht wahr
Nicht destotrotz
Es war kein abend
Wünschte mir
Versagte orte
Entsorgtes
Leiden
An gesichtern der
Überflussigen
Könnten
Schwimmvesten gebrauchen
Ein Gedicht
aus Feuer
eine Gnade
meinetwegen
erbarmen ohne preis.

POLITISCHES 2 (AUSLÄNDERGESETZ)

In der Sorge dass es schlimmer wird
Verschlimmern sie uns
Morgen.

Wir stimmen
Zu. Ohne Stimmen.

Warten auf
bessere Zeiten

haben Recht
auf
Unrecht durch
das
Ausländerrecht.

IN DIESEM HAUS WAR SYNAGOGE BIS 1938 ROTWEIL.

Eine kleine glückliche Stadt.
Euridyke Mosaik aus Römer Zeit.
Was ist in euch gefahren, nicht umdrehen.
437 esela gabe es in Rotweil. Esels Tage.
In Gedenken. Reclambuchlein Hölderlin
»ein Land aus Liebe«
lese ich und weiss wie fern
wie fern.
Die Sauberkeit des nachlebens
Rührende Geranien verdecken Sicht
Das ein Mensch beides sein könnte
Verdirbt mir Donnerstag.
Wem fragen
Was ist und warum ?
Ein durchreisende verletzte und verlezbare
Ich.

REHABILITATION IN ROTWEIL DEUTSCHLAND 2003

Im Hotel sitzen weisshaarigen 80-jährige
Gut erhalten
Kinder von jennen
Und tun sich was gutes
Ich schaue in die tasse
Hänge die gedanken
An erhobenheit der menschen
Von mir weg
Schwere krankheiten
Werden vergessen
Mit jeden biss brothönig als
Müssen sie sich von eigene
Verstrickung
Erhollen
Ich auch.
Kroatien: 1991
Ich lebte zwischen ihnen.
Unwissend haben sie uns gemacht,
Wer richtet wem mit Honig in dem Mund?

Habe beschlossen mich aus dem register der
ausländerbehörde
zu entfernen
habe beschlossen in die statistik
als
mutant vorzukommen
habe präpariert
blondhaar
künstzahn
pillenverbrauch
tiefe r aus
meinem mund
kann
wenn es drauf ankommt
auf treume hinweisen
in
welchen herr müller
mich als
geliebte aus Chur
ertrinkt

mein befremden soll nicht
als skandal auftauchen
zwischen denen welche
mich unbedingt als
bedrohung brauchen.

Und zu guten letzt
Statistik
Wächst in kopfen
Damit schatten
Licht geben.

TAUSEND EIN-SCHLÄGE

Nein, es ist gar nicht so schwer
In tausend ein schlägen
Leben zusammen zu
Anfassen

Begonnen beim
Eintrag in register
Der
Gesch
-lächter

Die
Gebaude der staates
Betretend
Mit
Zeugnissen
Der unzulänglichkeiten
Anzahl
Überlebende kinder
Die
Ausgetriebene
Sehn
Suchte
Werden

Zusammengefast
Nach verlassenen orten

Nein, fünfhundert
Zeichen
Übersehen
Es genugt schon zu sagen
Bin
und sterbe.
In meine
Sprache
Klingt das
Anderes
Es kommt aber
Auf das
Gleiche heraus.

Habe
Vergessen zu
Schreiben
Soziale ungerechtigkeiten
Finde ich
Unsozial. Aber jetzt.

Kultur
Unterschiede
Können
Und
Bitteschön
Wieso
Essen wir
Nicht alle
Gleichen brei
Zur abwechslung
Eine sprache
Ein
Geschlecht
Ein mond
Eine
Erde
Arme
Erde
Wo

Wir
Noch
Glauben
Mit
Töten
Unseren gleichen
Verbessern wir
Menschens leben.
Wieso
Sitze ich da
Lese zeitung
Über gekannterte
Flüchtlinge
Blättere zum
horoskop
Rauche
Fünfte
Schreibe gedicht
Gegen
unsoziales
Und
Später
Schlafe
Traume von
Belanglosen schuen
Oder

Im besten
Fall
Rede unter meines gleichen
Wie
Ich mich
Selber
Auf der
Erde
Gefunden habe.

Die schweiz
Heisst noch immer
Die schweiz

Voralpenexpress
Fährt durch die
Schweizer alpen

Der zugfahrer
Erklärt mir
Das bauland
Im vororten von luzern
Teurer wird

Ich vergesse zu erzählen
Das minen gesauberte
Mein land
Auch
Bewohnbar wird
Ohne mich

Ich möchte in
Der schweiz sterben
Irgendwo
Verwurzelt sein
Ohne

Knochensplitter
Meine name
Wird mich
Auf dem
Stein belasten
Mit
Meinem land
Der voralpen express
Kommt an

SPRACHE

Sagen sie ruhig was sich zu sagen gebührt
Nennen sie freulein nicht freulein wenn sie
Sprache bestellen.

Heute endet der Sommer.
Gedichte sehen verwerfend aus.
bald werden die erste
Bücher sich hinlegen nebeneinander.
Der Rilke reibt sich an meinem Hüft.
Pensionierte lehrerinen
schreiben
wie wichtig ist es schönen Geist zu pflegen
vor allem wenn man weiss....

Heute endet der Sommer.
es braucht ein Fingerklaps
Kein Wort bewegt die Sonne.
Leer ist Anfang.
noch schönere Gedichte
werde mich begraben
Morgen mit
gelifteteten Herzen
im Laub.

NACH DER LESUNG

Wieso schreiben sie?
nicht in muttersprache
aus der hintere Reihe
Ein Mann mit vergrauten kopf.
(damit mutter verschont bleibt, sag nicht)

Das Publikum weiss
das vor ihnen eine sitzt
wo sich auf Umwegen daran macht
aus ihre Sprache
stifmuter zu machen

Das schreibende ich
Sagt das sprechende ich
Ist exorzist der wörter
Um ihnen
weh zu tun – homoepatisch allemal.
Genisst es
Fremdes zu probieren?

FRÜHLING

Schreib etwas über
Naturgegebenes Wunder
Schnee schmilzt
Blumen werden wach
Mutter kauft neues kleid
Vater zahlt
Keine elimente
Schampon gegen schuppen ist
Verbraucht

Der ozonloch
Bringt sommer
Vor dem frühling
Darum
Schreib etwas über sommer
Obwohl
Herbst
Winter wie
Jetzt
Einem
Schreibunfähig wunderbar
Träge
Es komme
Was wolle.

Beruhigt euch
Ihr wörter
Beruhigt euch
der transport
kommt zu spät

das gold
die mühsam geturmten
abdrücke des lebens
in unsicheren verstecken
melden sich durch
euren fleisch
beruhigt euch ihr wörter
abkopfen kann rettung sein

für
ein nie gehörten ton
aus
eure
asche.

In meinen händen.
Ohne
Euch.
Wie
Sagen?

HABE MICH GRUNDLICH VERWIERT.

Aber
Behinderte gedichte
Werden
Im besten fall
Als reizwörter
Durchgehen.

Genetisch ist
Einiges vorauszusagen.

Mit dem chromosom
Deutsch als
Nicht muttersprache
Wird behinderte
Etwas später
Als
Wunderkind
In die
Literaturgeschichte eingehen.

Bis dan
Ist die
Gedichtsmutter
Überfordert

Befördert
Herausgefördert
Und
Ohne spezialisten
Sich selber überlassen
Stempel Bitte.

Schreib kein Gedicht
Schreib kein Gedicht
Gehe
Schreib Telegramm
Kein Fuss gefasst
zu viele Stop
falsche Schritte
gelernt
Stop
Schreib nicht
Zurück
Stop

INHALT

Maja Bosshard

ZUM FISCH MUSST DU GERANIEN ESSEN

Zum Fisch musst du Geranien essen. 160 Seiten, gebunden, Fr. 34.–, ISBN 3-85990-045-5

Schreiben und künstlerisches Gestalten halfen Maja Bosshard bei der Auseinandersetzung mit ihrer sensiblen, kantigen Persönlichkeit und der Welt, in der sie sich fremd fühlte, aneckte und schliesslich krank wurde. So entstanden im Laufe ihrer inneren Kämpfe Bilder, Objekte, Gedichte und Kurztexte, die ihre Gratwanderung dokumentieren und uns mit ihrem Schillern zwischen Vertraut und Unvertraut, mit ihrer Direktheit und ihrem existenziellen Gehalt in ihren Bann ziehen.

Dragica Rajčić

HALBGEDICHTE EINER GASTFRAU

Halbgedichte einer Gastfrau. 85 Seiten, gebunden, Fr. 26.–, ISBN 3-85647-114-6

»Sarah Kirsch hat einmal gerühmt, in diesen Gedichten komme eine poetische Ader zum Vorschein, die in der gesamten deutschsprachigen Literatur sonst nirgends sichtbar wäre… Die Unverwechselbarkeit der Stimme Dragica Rajčićs liegt insbesondere in dieser ihrer Fähigkeit, mit Worten, die sich bewusst abheben von der standardisierten, von unserer Standardsprache, der Traurigkeit, die sich im Grund aus einer einzigen Feststellung ableitet: „Welt ist nur im Traum schön", Ausdruck zu geben.«

Der Bund

Dragica Rajčić

POST BELLUM

Post bellum. 160 Seiten, gebunden,
Fr. 25.–, ISBN 3-85990-016-1

Leben mit und gegen den Krieg, verschontes, ›sicheres‹ Leben neben dem Krieg und vor allem das Leben nach dem Krieg – die Normalität über Verpasstem und Verlusten, die Trauer, die Erinnerung – bilden das Hauptthema des Gedichtbandes der kroatischen Lyrikerin. Die Texte spiegeln eindringlich die Rückkehr des Alltags, die Unmöglichkeit, sich mit Tod und Verwüstung abzufinden, die Auseinandersetzung mit Vergänglichkeit und Vergeblichkeit, die Identitätssuche als Dichterin in fremd-eigener Sprache.

Brigitte Fuchs

SOLANGE IHR KNIE WIPPT

Solange ihr Knie wippt. 120 Seiten, gebunden, Fr. 22.–, ISBN 3-85990-041-2

Hell, heiter, luftig kommt Brigitte Fuchs' Lyrik daher – und zieht uns den Boden unter den Füssen weg. Verführt durch eine Poesie, die den Reiz des Augenblicks beschwört, lassen wir uns ein und greifen ins Unfassbare, finden uns nach überraschenden Wendungen in anderen – offeneren – Räumen wieder. »Selbst von den starren Dingen lässt sich kein klares Bild machen…« Auf das Ungewisse, das Instabile, auf alles, was sich dem Zugriff entzieht, richtet Brigitte Fuchs ihr primäres Interesse.

Peter Staub

HUNDERE-WASER

Hudere-Waser.
256 Seiten, gebunden, Fr. 36.–,
ISBN 3-85990-061-7

Der Roman beginnt als ungewöhnliche Liebesgeschichte, die sich jedoch bald zu einem raffinierten politischen Krimi entwickelt. Waser ist eine moderne Parabel über unorthodoxen linken Widerstand in reaktionären Zeiten. Eine spannend erzählte Story, die beispielhaft Schlaglichter in die Abgründe der neueren helvetischen Geschichte wirft.

Elisabeth Jucker

ÜBERS MEER

Übers Meer. 208 Seiten, gebunden,
Fr. 32.–, ISBN 3-85990-042-0

Mit feinen Strichen zeichnet Elisabeth Jucker das Porträt zweier Frauen, Mutter und Tochter, und stellt zwei ganz verschiedene Liebesgeschichten nebeneinander. Die Geschichte der Mutter ist zugleich ein Sittenbild der 50er-Jahre: Als junge Frau träumt sie vom Ausbruch aus den beengenden Verhältnissen ihrer bäuerlichen Welt. Schliesslich folgt sie ihrem zukünftigen Ehemann, den sie kaum kennt, nach Brasilien.

Dragica Rajčić

Geboren 1959 in Split (Kroatien), lebt seit 1978 in St. Gallen. Hier Gelegenheitsarbeiten als Putzfrau, Büglerin, Heimarbeiterin. Rückkehr nach Kroatien von 1988 bis 1991. Gründung der Zeitschrift ›Glas Kaštela‹, journalistische Arbeit. Nach Kriegsausbruch Flucht mit den Kindern in die Schweiz. Lebt seither wieder in St. Gallen, wo sie als Redaktorin einer Migranten-Zeitschrift und soziokulturelle Animatorin arbeitet. Erhält u.a. 1994 den Münchner Adelbert-von-Chamisso-Förderpreis und den 2. Lyrikpreis der Stadt Meran (Italien).

Bücher

Halbgedichte einer Gastfrau (1986 und 1994)
Lebendigkeit Ihre züruck, Gedichte (1992)
Nur Gute kommt ins Himmel, Kurzprosa (1994)
(alle eco-verlag)

Post Bellum, Gedichte (2000)
(edition 8)

Theaterstücke

Ein Stück Sauberkeit (1993)
Auf Liebeseen (2000)